아름다운
양보

문학공원 시선 149

아름다운 양보

김가용 제6시집

마음 따듯한 이웃을 만난 느낌!

삶에 지친 분들께 드리는 한 권의 시집

그 어느 날부터
식사는 못했지만 나보다 시장하신 분 드시라고
적혀있고 컵라면이 그대로 있었다

문학공원

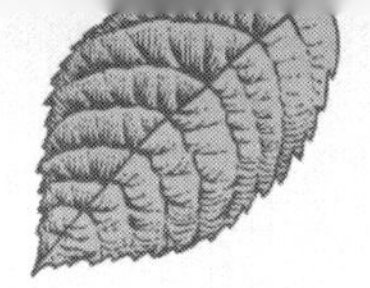

시집을 펴내며

지난 삶을 뒤돌아볼 겨를 없이
무엇보다 생계가 우선이었기에
앞만 보고 헐레벌떡 걸어온 삶이었다
평생의 고된 삶에 전신은 망신창이가 되어 있었고
어느덧 시랍시고 쓰다 보니
슬픔과 고뇌가 녹아 흐느적거리는 자아를 발견하곤
부끄러움과 자괴감에 몸 둘 바 모르겠다
쓰고 찢길 몇 번,
졸작을 내기까지 망설임의 연속이었다
이젠 정리할 때가 된 듯해
조그만 여유 갖고 6집을 펴낸다
언제부터인가 잠이 아니 오는 밤이면
하늘을 쳐다보는 버릇이 생겼고
변함없는 은하수의 흐름을 본다
문득 돛단배 띄워 노 젓는 아련한 상상을 하며
황혼의 한 페이지를 장식해본다
창조문학 및 한국문인협회 은평지부 문우님들의 건강하심과
호음문학문인협회 전병인 회장님과 호음문학문인협회 문우님,
김순진 회장님의 건강과 문학공원의 무궁한 발전을 기원하며
졸작이나마 6집을 냅니다

차례

1부 물속의 달

2부 부모 마음

3부 사랑학개론

4부 풋풋한 그리움

5부 산수유 꽃마중

6부 사랑이 오는 길목

1부
물속의 달

뿌리 깊은 나무로 살고 싶다

마지막 모습
추함보다 아름다운 모습을 보이고 싶었다
온갖 시련 나를 철들게 했고
성숙의 의미 갖게 했다
내 돌아갈 자리가 있다는 것
이 또한 행복이다
세상에 두고 갈 넋이라도 남았다면
감사의 눈물 흘리고 싶다
그나마도 아니라면
뿌리 깊은 나무로 천만년 우뚝 서있고 싶다

초파일에 부처

어디서 왔다가
가는 길 어디일까
무념무상의 참선

깊이 뿌리내린 욕망
내려놓기가
세상무게 버금간다

나도 몰래 튀어나온
질시 질투의 화신
욕심내려놓기 이렇듯 힘들 줄이야

나이들메
이승보다 저승이 가깝고
전생 업보의 짐 버겁다

남 배려보다
자아 집착에 헤어날 길 없는
우매한 중생을 깨우쳐주세요

윌리엄 해밀턴 쇼 대위를 기리며

피 튀는 격전의 전장
구태여 참전하지 않아도 되는 한국전쟁

자유와 평화위한 숭고한 사명감
당신의 결연한 의지와 용맹 재삼 감사드린다

1950년 9월 22일 녹번동에서 순직한
고, 윌리엄 해밀턴 쇼 대위의 애국정신

당신의 희생 금자탑으로 남아
반공의 기폭제가 되고 후대의 자랑입니다

서부병원 옆 어린이 놀이터 좁은 공간 비석으로 기리다가
평화공원 내 동상으로 우뚝 서게 되었으니

당신의 못 이룬 통일의 업적 귀한 희생
반드시 이루어 만대에 길이 빛날 것입니다

어느 부인의 눈물

자식이 울타리 되고
재산이고 보물이라는 마음으로
모진 세월 온갖 고생 낙으로 삼아
살뜰히 키운 자식들
웃어른과 부모 섬긴 인간본연의 도리요
마땅한 섭리라 배웠거늘

이순 넘긴 요즈음
가슴의 멍울 병 되어 흐르는 눈물 주체 못한다
무정한 자식들 하늘 무섭지 않는지
버림받은 어미마음 헤아려 보았는지
자식들 체면 살리려 안으로 삼킨 한
저세상 갈 때까지 지니고 가야하나
집 전부를 자식에게 넘겨주고
지금은 요양원 신세다

어느 슬픈 인생 항해

살아야겠다는 지독한 아집 내세운
지난 시간 되돌아본다
백발성성한 머리 절레절레 흔들며
아픔의 비명을 지르는 갈대처럼
미련은 많지 않은데
자식들 짊어진 무게에
접어야 하는 애비의 아픈 마음
이젠 인생 정리할 때인데
사랑꾼인양 위선으로 가득 채우고
끝없는 길 가야만 하고
힘없이 터덜터덜 걷던 찢겨진 세월

죽기는 싫은데
살기는 더더욱 싫다

불광천의 가을

맑은 시냇물에 뭉게구름 흘러가고
단풍 곱게 물들고 백로 한가롭다

수많은 인파 부산한 발걸음
시절 잃은 오리군상 깃털손질 한창

바쁜 일상 내려놓고 주변 살피니
은빛 갈대꽃 너울너울 춤추고 파초꽃 곱다

푸르른 하늘 눈부시고
백련산 기슭도 증산동 뒷산도 만산홍엽이다

업보

가이없는 끝없는 여정
그전 세상 얼마나 많은 죄 지었기에
이 많은 업보 치루는가
철없는 눈망울
깊이 서린 원망 풀릴 길 없고
여린 마음 세월에 녹고
인고의 일상이어야 하는가
실낱같은 바람과 욕망
이젠 모두 내려놓을 때
고달프다는 응석은 행복의 푸념인가
저승문 앞 애달픈 하소가 섧다

사랑과 그리움

그리움의 덫에 걸려 새싹이 나고
쌓이는 원망 거목이 되었소
다독이는 손길 정감에 녹고
사랑의 늪에선 행복의 꽃이 핀다
거미줄 같은 사랑의 미로는 미련의 성에 가두고
영원불변 사랑의 마음으로 맹세를 한다
가만 가만 다가오는 그리움의 속삭임
차곡차곡 쌓여 머리맡 태산이다
더부살이 고달픈 애타는 마음 하나
허공에 매달려 마술 같은 곡예를 한다

저무는 한 해 소망

마지막 남은 카렌다 한 장
그마저 다가오는 무술년이 하나하나 삼킨다
모두 가고 빈 뜨락에 남은 정유년의
희뿌연 잔영은 불꽃되어 사위어간다
깊은 꿈 깨어나니
오랫동안 굶주렸든 정이 고프다
사그락대는 눈밭은 아쉬운 비명 같다
외로움에 길들여진 마음
못 다한 사랑 꿈틀대고 가슴 아파한다
초침에 매달린 곡예 인생
간곡한 순정 하나
하늘이 허락한 만큼 사랑할 수 있었으면
평범한 사람이고 싶다
처절하게 외로워 보지 않는 사람은
그 간절함 알지 못한다
참 사랑의 애절한 그리움도
외기러기 슬픔은 더더욱 모른다
시린 볼 꽁꽁 언 심장 느끼지 못함은
캄캄한 밤하늘에 흐르는 유성일 따름이다
언제나 낯선 이방인처럼
겉도는 자아비판도 고통이었기에
희망은 더디기만 하다

길조와 흉조

아침에 까치가 울면
반가운 손님이오고
하루 종일 좋은 일 생긴다 하여
마음이 열리고 가슴이 뛰었습니다
까마귀 까악까악 울면
등골이 오싹 가슴이 쿵
그러나 일본에선 길조에 들지요
기른 정 못 잊어 어미 봉양하는
효도의 새이기 때문이죠
길 흉 편견 없이
벌레 퇴치해주고 과일 피해주지만
우리 곁 함께 해온 토종 새이기에
예쁜 마음으로 바라봐야지

한해를 보내며

송구영신이라 한해를 마무리 하면서
미안해하고 고마워야 할 사람 모두
새 마음으로 맞이해야지
가슴 설레이는 시간들
꽃단풍 들려다 우중충 퇴색함의
순간의 틈 사이로 행 불행이 오갔다
상큼했든 모습 엊그제인데
이젠 완숙을 넘어 쇠퇴로 접어들고
파노라마의 추억들
기쁨보다 아픔으로 오는 밤이다

어느 시한부 人生

암 선고 받은 환자 시한 산고 6개월
아 – 내 삶이 6개월 밖에 남지 않았구나!
그래도 6개월이나 남았구나
세상 바라보는 생각의 차이는 크다
보통 음식도 달고 단 음식도 쓰게 느끼며
불안에 설친 잠과 꿀 같은 단잠 사이
물처럼 기다릴 줄 알고 인내 키우는
생각의 차이가 세상마저 갈라놓듯
어차피 가는 길
발버둥이 무슨 소용이랴
모두가 숙명이라면
마음 편히 맞이해야겠다

낯선 하늘의 이방인 되어

한해를 넘기고 맞이하는 설레임
매번 감회 새롭다
하얀 백설 내린 온통 은막의 세상
적막한 고요에 왠지 마음 정화된다
싫다고 휘젓는 손사래 사이로
어느덧 와버린 歲月
끝없는 격랑 속
꼬이고 뒤섞인 인생사
과연 사필귀정일까
동병상련의 온정이 그립다
외로움에 뒤척이는 밤
어제 오늘 아니어도 팔자타령 체념하고
낯선 하늘 아래 이방인 신세
먼동 트는 새벽 찬바람만 시리다

물속의 달

중천에 떠있는 반달
하늘이 고향인데
어이 물속에 잠겨있는지

바람 따라 일렁이는 모습
쥐락펴락 고사리손 같고
올챙이손 같다

따스한 어느
두고 온 시간의 여운
가슴에 전해오는 말들

그리움 목매여
눈물로 대신하는
슬픈 멍울 녹아 흐른다

격랑의 항해를 멈추고 싶다

밤바다의 등대 은빛 물결도
붉은 일출과 일몰의 노을도
찬 이슬 된서리 세찬 비바람과
거친 너울파도 갈매기 울음도
방황 방랑 종지부 찍고
돛을 내리고 닻도 내려
항구에 영원히
정박하고 싶다

118기 뜨거운 그늘의 동기야

58년 전 혹독한 병영생활
깨복친구의 심정으로
아린 追憶 되살려
지나간 순간의 고통과 희열
의미 있는 시간의 군복무를
가슴에 아로새깁니다
평탄치 않았을 인생길
낭떠러지 위에서의 삶속에
옛날의 추억 속 친구
하나둘 떠나고
하루하루 곡예하듯 흐른 세월
얄궂은 운명만 탓합니다
황혼이나마
더 늦기 전 서둘러
우리 함께하는 한 끼 식사
평범한 일상
마지막 시간의 나누는 정감을
고마워해야 하겠습니다

아름다운 양보

고시촌 출입구 식수대 옆엔
언제부터인가 컵라면이 한 개씩 놓여있고
그 옆엔 식사 못하신 분 드시라고 쓰여 있었다
그 어느 날부터
식사는 못했지만 나보다 시장하신 분 드시라고
적혀있고 컵라면이 그대로 있었다
그 다음 다음날에도
양보해주신 분 감사합니다만 시장하실 때
꼭 드시라고 하고
그 후엔 컵라면이 두 개 세 개 로 불어났다

시인은

시인은 망망대해 일엽편주고
별과 함께 달과 함께
두루 여행도 하고
구름 위에 사는 신선이다
시인은 人間의 슬픈 歲月 수놓고
통곡도 하고
사랑에 목마른
감성속의 청춘이다
시인은 자연과 함께 웃는
이슬 속 밀랍인형이고
사랑도 주고 때론 슬픔 주는
외로움의 대명사다

마음의 감옥

말문 닫고 눈 감으니 깜깜한 감옥이다
안방도 서재도 창문 너무 작다
잿빛 물든 하늘
차라리 눈이라도 펑펑 내려주었으면
첫사랑 그립고 업보에서 벗어나고 싶고
겨울바다가 보고 싶다
고요한 적막 깨고 주저리주저리 떠들고 싶고
고독 떨치고 하늘 훨훨 날고 싶다

은하수 흐르는 강 돛단배 노를 저어

은하삼경
마음 비우고 채울 수 있는 여유 찾고 싶어
버릇처럼 하늘을 본다
회오리친 마음 잡다한 상념
백팔번뇌 버리고
높고 높은 은하강에 돛단배 띄워
노 젓는 여유 갖고 싶다
마법 같은 식욕 성욕 온갖 욕심 내려놓고
저세상 가고파도 마음대로 못 가듯
기다리는 心情으로 여유를 찾아본다

2부

부모 마음

할미꽃 우리 엄마

사랑 하나 나 하나
꽃 하나 피었습니다
소담히 피어난 은혜의 사랑 꽃
군데군데 핀 꽃 살뜰히 어루만져
깊은 밤 살포시 와 서리서리 쌓입니다
주신 정 큰 은혜 꿈인들 잊지 못해
가만히 얼싸안고 속울음 합니다
껴져가는 연민의 정 가슴 깊이 불 지펴
할미꽃 야윈 어깨 얼싸안아 보옵니다

우리 아기

우리 아기의
세속에 물들지 않은 순수가 좋다
가시 박혀 뒹구는 상처투성이의 심신
이름도 성도 모른 체
진주 닮은 순수를 나는 아기라 부른다
추울세라 걱정
아플까 두려운 우리 아기 안위
수정 같은 진실 담은
오늘 하루가 저문다

부모님은

부모님은
무거운 짐 끌고 가는 황소이셨다

부모님은
더우면 걷어차고 추우면 덮는 이불이셨다

부모님은
子息 위해 희생하고 모든 아픔 대신하는 보호자셨다

부모님은 조각난 人生 하나하나 맞추는
아련한 추억의 퍼즐이고 소중한 그리움이셨다

자식의 버팀목이 되려고

심장까지 파고 든 전쟁 같은 일상
자식의 버팀목 되어야 하기에
좌절하여 쓰러지고
양심을 도적질 당하여
세상 등지고 싶을 때도
일어서야 했던 이유는 자식이었다
내 삶 속에 들어오라는 말 차마 하지 못해도
그러나 혼자보다 둘이
둘보다 넷이 좋음도 알았다
쓰러지지 않으려 마음 다잡고
기댈 곳 없는 허공에 이정표 세워서
내 자신의 버팀목 되어야겠기에

후대들에게

딱총세대라 흉보지 마소
자네들도 세월 지나면
어쩔 수 없는 동열일지니
빨리빨리가 미학이라
일찍 성취했다고 자랑 말지니
급히 성장한 나무 나이테 굵고
나이테 넓은 나무
바람에 쉬이 부러지는 법
느리고 더딘 깊은 미학을 아는지
늘 - 기도하는 마음으로
사람의 지혜 찾아보게나

가깝고도 먼 거리

별빛 녹아있는 삼경도 지난 시각
그리움 한가슴 안고
너와 가까워지려 손이라도 잡고 싶었다
팔 뻗어보지만
그 거리 너무 멀어 손닿지 않고
서먹함만 가득하다
폭풍 같은 분노와 질책 관대히 용서했듯
달리는 열차에서 마음대로 내릴 수조차 없는 운명이다
함께 가는 心情
모두 내 잘못인 듯하다
처절한 후회 후에도
그마저 호사인 듯싶구나

첫 만남

세찬바람에 꺾일 것만 같은
코스모스의 가녀림
그녀에게는
첫눈에 사람 홀리는 기이한 마법이 있다
심연깊이 빠져있는 긴 세월 동면하는 마음
제발 깨우지 말았으면
옛부터 알아왔듯 살뜰함에
동토의 마음에도 뜻 모를 불씨 깨어나고
수시로 찾아든 채찍의 아픔
훌훌 털고 돌아선 떠돌이 구름이고 싶다
메아리도 없는 삭막함만 남을까 두려워
가만히 다독이는 못난 마음은
가고만 훗날 감당 못할
미망의 슬픔과 후회의 늪
제발 심어두지 말았으면…

그리운 이여

추워 얼어붙은 동지섣달 어두운 저녁
꽁꽁 언 마음 방황을 하네요
마음 가져가고 그리움마저 가져가려나
윗목에 맴도는 온기가 전부이네 그려
정다운 사람 약속한 사람아
그리움 보고픔 모두 가져가시는가
찬바람 서리서리 내려앉은 쓸쓸한 밤
따스함 한 자락 남겨두고 가시게나

부모 마음

갓난아기 땐 행여 추울까 더울까 걱정
아픔도 괴로움도 대신하고 싶었다
기름지고 색다른 음식
목에 걸려 먼저 생각했다
언제나 주연은 자식
부모는 조연으로 살았다
사춘기 때 애태웠든 삶
자식 낳아 키워봐야 그 속을 알겠지…
돈도 사랑도 주고도 모자라
한으로 남은 애틋한 한세월

힘들게 걸어온 길

한때는 생각했죠
사랑만 있으면 만사 다 잘 될 거라고
그러나 책임도 따르고 위험도 내재했죠
삶의 굽이굽이 돌고난 후
너덜대는 추억 한켠이나마
남길 수 있는 평범한 일상
꽃은 시들 거라 생각하면서도
그리워한 철부지 마음
선택의 여지없이 삶과 죽음 줄타기 했는데
행과 불행이 비교되고
살아온 삶의 하소들
인생이라는 틀 속 아비규환이었소

어르신이라는 이름

억척스레 버텨온 어제와 다른
또 다른 오늘
황혼이기에 더욱 소중했다
한때는 청춘이었고
금쪽같고 꿈같은 세월이었기에
오늘 이 시간 쉽다
노인이라는 대명사가
회춘의 열망과
모든 선입관을 떠나
어르신이라는 존칭이
차라리 편한 세상이다

인생사

장밋빛 미래 설계 후
깊은 상처 입고 결핍 투성이지만
내일을 사랑한다
욕구에서 오는 불만
세포의 생성과 사멸이 공존하고
사랑하고 미워한다
성공 자축하고
사랑의 도피처 찾아 바람처럼 떠돌다가
함께 쉬고 향유할 곳 찾는다
빙벽에 매달린 자일처럼
긴장의 삶 계속되고
선악 구별마저 흔들린
물결 닮은 인생사

너와의 가는 길

조용히 가고 싶은데
파도는 자꾸만 밀려온다
가만히 있고 싶은데
바람은 온 몸을 흔든다
뚜벅뚜벅 걷는 길 위에
흰 눈 하염없이 내려 소복소복 쌓인다
별빛은 하늘 저 멀리서 추위에 떨며
오늘도 변함없이 일렁인다

때늦은 후회

부를 탐닉함보다 검소함을
환락보다는 근검을 우선시하며
일벌로 살아 왔다
나보다 남을 우선시하고
평범한 일상 최선을 다했다
손익을 기획한 바 없고
그저 비우려 노력했고
보상받지 못한 삶속
허수아비가 되고
꼭두각시로 각인된 삶이었다
눈 옆을 가린 채
앞 만 보고 달리는 경주마처럼
달려온 한 세월
뭐가 그리 바빴는지
뒤늦은 후회만 가슴을 친다

평생 잘살아 오셨습니다

추위가 맹위를 떨친 체감은도 영하 13º넘는 정오
80대 중반의 할아버지가 조그만 관을 쫓아가며
얼굴 한 번이라도 더 보아야 한다고
넘어지고 기어가며 장의버스 관실 문을 잡고
섧게 섧게 오열한다
그 흔한 오리털 점퍼도 없는지
검은색 허름한 점퍼 입고 뒤따르는 상주도
10여명 내외
人生의 참사랑을 봤다
마지막 한번이라도 더 보고픈 할머니모습
할아버지의 그 절규가 걸음을 멈추게 했고
나도 몰래 눈물짓게 했다
할아버지! 평생 잘살아 오셨습니다
평생 나눈 정에 대한 아쉬움의 오열
진심 가득한 눈물을 봤다

* 2018년 2월 6일 12시 10분 백병원 영안실에서

잔설 같은 삶

노을이 자꾸만 따라온다
원망 하지 말자
세월 되돌리고 싶은 건 어디 나뿐이랴
흘러간 추억들 그립다
때론 그늘에 쉬며
일탈하고 싶고 대범하고 싶었다
사랑 때문에 가슴에 남은 멍울도
돌부리에 넘어져도
돌을 원망하는 우매함이 있었고
내 잘못을 남 탓하기 바빴고
못난이 푸념만 잔설처럼 남았다
그저 스쳐 지나간 사람 중
하나일 뿐이라고…
언젠가 녹아 없어질 눈 같은
한순간 그리움마저
사랑으로 간직해야 할 것 같다

너무 허무해서

젊고 싶어서
허무한 세월 안타까워서

육십갑자 빼고
나이를 갖기로 했다

이팔청춘
열 여 덟

얼마나 좋은 때이랴
생각만으로 위로가 된다

모든 게 아쉬워서
꿈마저 새롭다

잠 못 들어 뒤척이는 밤

소한의 밤하늘 파르르 떠는 별빛
서쪽하늘 떠있는 조각달의 외로움 속
과분한 욕망의 덫
용서를 구하는 애절한 마음 하나
자괴감에 움츠려진다
망망대해 표류하는 조각배에
홀로 외로이 떠있는 듯
가슴 졸인 불안함
허탈감 엄습한 깊은 밤
이 세상 다주어도 모자랄 당신께
꿈속에서나마
하얀 백장미 한 송이 보내고 싶소

의미 없는 삶이라면

곧 눈이라도 오려나
잔뜩 찌푸린 하늘
으악새의 비명 마음속에 울려 퍼지고
또다시 상처 입은 마음
그간 고마웠노라고 감사인사 전하고 싶다
하염없이 흐르는 이 눈물은 도대체 뭐지
세상의 종말 다가올 지라도
사랑구걸 하지 않으련다
아무런 의미 없는 인연이라면
그대 없는 곳
심산계곡 깊이 칩거하고 싶다

고독의 변명

고독은 병이 아닙니다
홀로 피고 시드는 꽃 같은 존재이고
외로움 벗할 뿐입니다
생각의 차이가 만든 울타리 안
한 뼘 작은 세상의
미리 하는 걱정 속에 사는 죄입니다
한겨울 세찬 눈보라에
발가벗고 휘윙윙 울어대는 나무처럼
떨고 있기 때문입니다

人生 가는 길에

내 마음 보푸라기 하나
내 전부 앗아갈까 전전긍긍한다
뜨개질하며 실수로 빠뜨린 한 코
전부 솔솔 풀려
형체 없는 마술일까 두렵다
먼 옛날 어릴 적
개구멍받이 취급받는 차남의 설움
감춰온 발톱을 자장자장 다독이고
높은 산 굽이굽이
휘감는 목메임
어떤 의미를 부여할지 알 수 없는 人生길
백발 휘날리며 가는 부산한 항로입니다

3부
사랑학개론

人生길

제아무리 힘들고 괴로워도
가야하는 꽃다지 길

황홀과 고통
애간장 태웠든 길

비틀대는 갈지 자 걸음도
내가 걷는 발자취

구비구비 힘든 길이
구구 만 리 먼 길이다

행복이란

소중함 알기에 내려놓기 힘든
깃털처럼 가벼운 고즈넉한 삶
어차피 흐르는 시간
짓밟힌 들풀처럼 생명력과 인내로
너와 나의 조우를 그린다

물길 따라 흘러온
잊고 산 먼 옛날 아린 추억들만
석양노을에 똬리를 튼다
여린 고사리처럼 타들어가는 마음 다잡고
먼 곳의 행복도
스스로의 마음속에 있음을 안다

한밤중에

문틈 사이로 달려든 고독이
진한 외로움 불러온다

아픈 후 건강함
고통 후 행복감
배고픈 후 포만감…
속고 산 어리석음
미움도 배웠고

찰나의 즐거움도 밀어낸 한밤중에
당신의 삶 속으로 들어갈 수 없는
잠 못 드는 밤이 아쉽습니다

아련한 追憶의 꿈

호젓한 바닷가
살포시 안겨오는 여린 순정
유성 지던 별빛에 녹고
쉼 없이 밀려오는 파도에 첫정 아우른 밤
은은히 들리는 하모니카 슬픈 여운
잠 못 드는 가슴 위로 안개처럼 흐르고
이따금 들리는 먼 곳 개 짖는 소리
애달픈 옛사랑 잠재웁니다

상상의 나래 속에

상상의 꿈동산 나만의 세상
돌부리 넘어져도 사랑에 웃고
그리움 사무친 공간 사랑은 노 저어가고
애타는 멍든 가슴에 얼굴을 묻고
훠얼 훨 날아서 유랑을 한다
못 다 이룬 사랑 투정도 하고
넘실대는 욕망의 늪 다독이면서
환상 속 잊었던 꿈이 영근다

오늘

소중한 오늘입니다
다시 오지 않을
생애 단 한번뿐인 오늘입니다
용서와 화해의 날이기도 합니다
다시 올 수 없기에
더욱 귀한 날입니다
사랑과 번뇌도 추억으로 남을
그저 평범한 오늘이기 때문입니다
希望을 앞세워 미래를 설계하고
한번쯤 망각의 예행연습을 해야죠
평생 그리움으로 남을
오늘은 축복이기 때문입니다

작별을 앞두고

부족함 채워가는 삶
그러나 오해는 피해가고 싶다
진실은 언젠가는 알게 되겠지만
못 다한 사랑 몽매에도 잊지 못해
때 되면 채워질 이 그러진 달 아니어도
불구덩이 속에서 뒤척이는 아픔이 있다
불 꺼진 창엔 적막함 가득하고
떠나는 마음
이대로 보내야만 하는가

안타까움만

동분서주
한 봄 두 일 하고
끝 모를 동동거림
안쓰러움만

강철 같은
철인이어도
좌불안석
지켜보는 마음 하나

행여 병날까
두려울 마음
함께 하지 못해
피멍든 가슴 하나

지친 몸 위로 하고
아픔마저 대신하고픈
편안한 마음의 안식
꿈속에서나 이루려나

그리움 소복이 쌓이고

평생 안개처럼 궁금함 한 줄기
가버린 세월만큼 클로즈업 되고

떠돌이 고단한 삶을 다독이는 손길
수시로 기도하듯 두 손 모으고

해맑은 심성 고심초사 하는 넋
세상흠결 덮고자 하얀 눈은 내리고

그리움 무시로 내려
소복이 쌓이는 야밤

희망 속에 사랑 심고

하루하루 재깍대는 시계의 소음 속에 산다
고장 난 시계도 하루 두 번 맞기는 하다
좌절보다 하늘을 우러러 일어나보자
희망을 꽃피워 비온 후 무지개를 보자
시련 없는 사람 어디 있으랴만
실패 후 성공 오고
제아무리 뽐내도 하늘 날지 못함이다
짝사랑이 아름답고
사랑줄 때가 가장 행복하거늘
삭막한 가슴에
진한 사랑을 심어보자

간곡한 소망 하나

원하는 삶 살 수 없지만
네잎클로버를 찾는 심정으로
상큼하고 향기나는 삶
여유로이 살고 싶다

감당 못할 두려움
그러나 소중한 인연 좋아해 상처받고
사랑해서 실망할 아픔 없길
간곡히 기도한다

일희일비하지 말고
정중동의 마음 숙연함으로
아픈 마음 다독거려주고 싶다
소망의 꾸러미도 함께

사랑학개론

갑돌 : 나 병 걸렸나봐
갑순 : 무슨 병?
갑돌 : 추운 날 꼭 껴안아 녹여주고 싶고
힘든 일 대신하고 싶고
아플 땐 내가 아프고 싶고
보고파서 애태우고
그리워 잠 못 들고
종일 생각나거든
나 큰 병 걸린 것 맞지
자야 : 이 바보야
그건 사랑이라는 거야!
갑순 : 아니야 우린 친구인데
자야 : 너 사랑 한 번 못해봤구나
갑돌 : 못 해봐도 좋은 걸…

헌신의 어머니 삶

자식 위해
가족 위해
온갖 세상 고생 다하시고
삶의 무게에 세월이 더했다

희생과 헌신의 본보기
밤과 낮의 경계 없고
삶의 터전 아닌 곳 있으랴만
공기 같은 어머니의 고마움이다

소설로 몇 권을 쓰셨을
파란만장의 삶
가신 후 아쉬움
그리움에 눈시울 붉힙니다

만혼의 자식 보는 父母 마음

너무나 소중한 父母子息의 인연
時代가 변해도 귀한 혈연인 걸
子息 잘못 인정하기 싫은 한결같은 父母 마음
現實과 동떨어진 못난이 마음
타인을 의식하지 않고 보는 사람 없으면
차라리 내다버리고 싶은 관계
자신의 뜻대로 되지 않는 모습 보며
얼마나 마음 아플까 지레 걱정하고
이해하려는 합리화 앞서고
마흔 넘은 만혼지관(晩婚之冠) 자식 두고
손주들 결혼잔치 찾는 마음 아는 듯
밖엔 주룩주룩 궂은비만 내린다

해탈

마음을 비워 나를 버리고
고뇌 잊고 해탈하려 한다
나 아닌 타인을 위해
무언가 하려는 마음
머물고 떠남
만나고 헤어짐
자연에서 와 고향으로 돌아가는…
고요 머물다 간 자리엔
산새울음만 구성지다

맑은 바람 따스한 햇볕
세속에 찌든 나를 버리고
빈손으로 와 잠깐 머물면서
무슨 욕심 그리 많았던가
백팔번뇌 속 자아 반성하며
명상에 잠겨본 하루…

잘못을 모르는 채 삶은 계속되고

참 이상한 세상이다
그저 남을 비방해야 직성이 풀린다니
자기만 세상 제일 잘나고
타인은 안중에 없고
이기주의 편협함만 난무한다

심술주머니
신의 실패작인 듯싶다
칭찬만 해도 모자랄 세상
함부로 보내다니
어허라 요망한 세상

반성

잊을 만하면
되살아나는 지난 잘못된 삶
후회의 한 점 오점으로 남고

예전엔 꿈에 살고
오늘은 눈감은 듯 깜깜이 세상
누굴 원망하며 살아야하나

人生이기에
있을 수 있다 자위하고
고통의 시간 변명한다

창가 이름 모를 작은 꽃
코끝에 스민 향기는
내 마음의 무릉도원이다

꿈과 현실의 괴리
죽을 만큼 노력하지 않았기에
뒤늦은 반성으로 후회하며 산다

삼수갑산에 가더라도

계속되는 섭씨 35º-40º의 찜통더위
삼수갑산 가더라고 더위 식히고 싶다
전기요금 폭탄을 맞아도 에어컨은 켜야 했다
수건에 물 적시어 선풍기와 달래 봐도
후끈한 열풍 따라 다니고 몸서리 쳐지는 열대야
단잠마저 앗아가는 야속한 밤이 얄밉다
기상관측 이래 111년만의 더위 이변이란다
환경오염 탁하지만 열대야 끝이 없고
정신마저 오락가락하니
오뚝이 신세로다

애써 외면하려는

모름지기
일부러 피하고
탐하는 두려운
오욕과 칠정

아닌 체 도리질로
외면해보지만
내 안에 자라고 있는
무서운 갈망

속세 떠나 잊고픈
간절한 욕망
이루지 못한 맹세 앞에서
현실의 도피처를 찾는다

現實의 벽

즐겁고 기쁨 충만한
希望의 글 쓰고 싶었다
거부하지 않고 받아들이는
올곧은 마음이고 싶었다
자연 앞에서 겸손해지는
내 자신을 본다
어떤 변화도 어두움 속에 사라지니
조용히 묵상하고 싶었다
우연히 만나고 헤어지는 인생사
내 삶에 녹아있는 슬픈 현실을
결코 외면할 수 없었다

내 고향 선정

고요한 여름 바다
파도 비늘 반짝이고
가을엔 부서진 포말
메밀꽃 핀다
조용한 파도노래
스르릉 쏴 합창을 하고
뱃고동 없는 한적한 어촌
조그만 어선 멋자랑한다
어릴 적 동심 그리웁고
노년의 슬픔 묻어난 요즈음이다
서정 깃든 풍치림의 풍경화
도란도란 이야기 하고
훈훈한 인심 길손 반기는
그립고 가고픈 꿈에 본 내 고향

4부

풋풋한 그리움

육신(肉身)

오랜 세월 염치없이
참 많이도 써먹었다
몸구성 하나하나
쇠퇴의 길 접어들어 병날 법도 하다
끝없는 마음의 욕심
이젠 내려놓을 채비를 해야겠다
마지막 조그만 행복마저
앗아가는 모진 세월의 뿌리를
초연한 마음으로 맞이해야겠다

허무한 세월

모래 한 움큼 힘주어 움켜쥐었지만
어느 사이 손가락 사이
흔적 없이 흘러가고 말았다
훨훨 날아가는 세월 멈추어 달라
눈물겨운 속사정을 누가 알랴

세월 터널 지나니
검은 머리 하얗게 퇴색되고
똑딱거리는 초침소리가
오늘 따라 조용한 산사
스님의 목탁소리 같다

회상

흐트러짐 없는 삶
뜰 아래 엎드린 미망
울렁증만 남고

꽃다워야 할 생명
넋이라도 잊고 살려
소복에 감춘 채

낙조 닮은 우수
밤이슬처럼
조용히 내린다

금강초롱 닮은 이슬방울
뚝 뚝 떨어지고
잊어야 할 사람

때 묻은 과거
추억에 두기도 민망해서
갈매기 날개 위로 하얀 꿈과 함께 날려 보낸다

고독

웃으며 왔다가
슬픔 한 보따리 안고 가는
무거운 발걸음

촘촘한 그물
허공에 걸어놓고
진실을 찾는다

가슴깊이 칩거한 그리움
기지개 켜고
청산 찾아나선다

일편단심 걸어온 길
투정어린 여린 마음
풀피리 여울진 꿈 안고

지독한 고독
짙은 상처로 남을
여울 머물다간 허무한 길…

세월의 잔영

찬바람 아직 아린데
나목의 아픈 태동
연한 속살 드러낸다

잔솔밭 소나무
연보라 물들고
찔레 순 곱다

차곡히 쌓인 구겨진 세월
파릇 솟는 새싹처럼
얽히고설킨 미련들…

사위에 드리운 짙은 어둠
언젠가 걷어내야 할
장막이려나

세월이 잔영
몸 흔들어 털어보나
진한 무게감만 느껴질 뿐…

외로움

소낙비처럼 내리는 상념 어둠 속에 젖어들고
실낱같은 希望마저 공포로 다가온다
기대 설 곳 없어 쓰러지기 그 몇 번
차라리, 차라리라는 되뇌임만 쉽다
악마의 유혹마냥 시도 없이 찾아든 참사랑
거센 회오리 멈추길 빌었다
꽃대마저 짓밟힌 처절함
그래도 약속한 날은 밝아오고
허전함 추슬러도 또 찾아든 외로움

풋풋한 그리움

화려한 국화축제 행사
기기묘묘 현란하게 장관 이룬 국화가 곱다
밭둔덕 외로이 핀 한 송이 들국화
애잔히 가슴에 남고
산들바람에 춤추는 하얀 갈대꽃
은빛물결 파도 곱다
긴장의 끈 풀린 마음은 훠얼훨 창공 날고
자연에 동화된 심신
어느 하늘아래 살고 있을 단발머리 그 소녀
풋풋한 옛사랑이 그립다

장탄식

오뉴월 찌는 더위
심한 가뭄 타는 농부 마음
그래도 오곡은 무르익고 백과는 풍성한데

훼방꾼 태풍, 어인 날벼락인가
하늘 보고 기원하는 간곡한 기도
마음 깊은 곳 머물고

북녘 하늘 핵과 미사일
살벌한 위협에
장탄식만 쌓여간다

순간의 잘못 때문에

저 생에서 지은 죄
업보라 생각해 속죄하며 살았고
눈물 젖은 빵 먹어보지 않는 사람은
세상을 논하지 말라 했는데
나는 너무 많이 먹었나 보다

한순간 잘못 선택한 고통과 후회
평생 안고 사는 숙명이라 생각했다
천 길 낭떠러지에선
저주와 용서, 미련마저 사치인 듯하여
절망의 체념을 조용히 안고 가련다

평창동계올림픽을 보며

손에 땀나고 가슴 조이는
천분의 1초 다루는 매 경기
국위선양을 위한 빙판 위 곡예
간곡한 기도로 선수들 꿈 이루어지길 빌었다
미소 뒤에 드리워진 긴장의 끈 계속되고
각 레이스마다 전대미문의 쾌거가 이루어진다
특히 주 종목 쇼트트랙 스피드스케이팅은
조바심에 가슴 두근대며 손이 땀에 젖는다
천분의 1초 차로 금이 되고 은이 되어
아나운서 가슴 쫄깃대고

지켜보는 마음은 쿵쾅쿵쾅이다

빗나간 애국심

- 동계올림픽을 보며

우리나라 선수
다 이겼으면 좋겠고

외국 선수
시합에 모두 졌으면 좋겠다

스피드 스케이팅 1500M
천분의 1초차 금메달

지나친 내 욕심
망령의 해프닝이길…

요지경 마음

- 평창 동계올림픽

선수 가슴
콩닥콩닥

시청자 마음
두근두근

아나운서 마음
쫄깃쫄깃

0.01초차 우승 땐
온 국민 우와 우와 짝짝짝

좌절

불꽃처럼 타올라
불씨마저 사위어
차디찬 재만 남고
빈 쭉정이 된 육신

희미하게 퇴색된
오래된 사진처럼
영면으로 들기 전
고요로움만 남고

약으로도 치유할 수 없는
뜻 모를 고통
원망 잠재우고
좌표 잃은 설운 마음

방대한 포부
꿈 영글어 수확하는 날
순백의 백치미가
적막 속에 잠든다

독백

바쁜 일상
사랑해야 될 이유에서 자유롭고 싶다
인정받기 위해 노력한 세월
더 이상 하늘바라기는 싫다

자학과 희망 떠나
성실의 바탕 위에 꿈을 이루고 싶다
좋은 때도 이별을 생각하는
이런 사람은 아니었는데…

천신만고 끝
천 길 낭떠러지에서
길어 올린 두레박
허상 가득한 밑 빠진 독 아니길
간절히 빌어본다

위선

하얀 머리 검게
내면보다 겉을 포장해
감추기에 여념 없고

없어도 있는 체
좋아도 싫은 체
가식으로 무장하고

정직함 부정하는
몸에 밴 위선
자연스레 되돌려야 했다

어느 사이 내 몸
순리에 역행하는
교만의 일상이었나

있는 그대로의 모습
現實을 직시해
위선의 그늘 벗어나야겠다

반성

자랑으로 내세울 것 하나 없는
얼룩진 욕심과 탐욕
지우고 싶고 숨기고 싶은 나날 있었다
백발 성한 요즈음
살뜰히 챙기고 싶은 그리운 사람
목 놓아 불러보고 싶고
못 나눈 정 나누고 싶다

기쁨도 슬픔도 내 삶이려니 여겨
가면 속에 살아온 나
살 떨리는 치욕적인 과거도
결국 내 것이었다

순수의 비가 내린다

하얀 백설
영롱한 보석 같은
백일 된 아이 같은
해맑은 순수

미움 분노 감정
물들지 않고
아무런 조건 없는
숭고한 사랑

미처 못 했던 말
허공 떠돌다가
차곡히 내리는 야밤
새 하얀 순수의 비가 내린다

심심산골 잠든 마음

깊은 산골 꼭꼭 숨었던
닫혔던 마음
암흑 속 깨어나
아기를 반긴다
꿈속에서도 삶의 희열
애써 불러 모으고
그리움 키운 여린 순정 싹터
긴 여정을 담고 내 삶에 녹아
내 전부되어
내 마음 쥐락펴락한다

슬픈 방황

삶의 경계
저 세상에서라도 사랑과 그리움
한결같은 마음으로 새날을 맞고 싶다

순간의 희열
살을 도려내는 아픔 가슴 쥐어짜는 고통도
아스라이 추억으로 남을 영원의 세계

갈 곳 잃은 마음
가까워 졌다 멀어져가고
고달픈 인생 여정 이정표 찾아 떠난다

백년이 가고 천년이 지나도
좋은 사람으로 그리움 각인된
사랑 찾아가고 싶다

꽃들의 고향

장독대 옆엔 접시꽃 맨드라미가 제격
돌담 옆엔 탐스런 목단꽃 달리아가 제격
산등성이엔 진달래 개나리가 제격
난초는 서제나 사랑방 앞이 제격
연꽃은 연못에서가 제격
텃밭엔 하양 보라의 도라지가 제격
민들레는 호젓한 들판길이 제격
할미꽃은 무덤가가 고향인가요

겨울밤에

그리워 보고파서
손을 뻗어보나 닫지 않는 손끝
마음으로 다가가서 껴안으려 해도
허공만 한가슴
가만한 그리움 크게 자라 거목되고
가슴속 멍울멍울 병들게 하는가
하늘가 걸린 달 추위에 떨고
지켜보는 외로움 그네를 탄다

눈 오는 야밤에

하얀 함박눈 하염없이 내리는 밤
설레임 가득 사르르 마음이 녹는다
깊은 수렁에서 건져 올린 상념마저
몸서리치는 밤
촛불처럼 흔들리는 마음
사랑의 끈으로 묶고
저만치 걷는 위태한 걸음걸음
외로움도 함께 하고
뽀드득 뽀드득 밟히는 눈의 비명
서글픔도 함께 쌓여만 간다

잠 못 드는 밤

못내 아쉬웠던 잊혀진 세월
철새인 듯 떠나고
동면하는 마음 어루만져
사랑으로 포장한다
언제 부터인가
잃어버린 時間 불러 모아 모아서
못 다한 사랑은 아름드리 고목되어
올빼미 벗하고
한 올 한 올 풀린 실타래처럼
追憶도 묻어난다

5부

산수유 꽃마중

자운영꽃의 비채

수만 송이 자운영꽃
논에 수북이 앉아 고개 든다
너무 고와
너무 예뻐서
입 맞추고 싶고
살포시 안아주고 싶다
이랴 이랴
소에 밟혀 누운 꽃
애처로워 눈을 고옥 감는다
쟁기에 갈려 땅속 잠길 때
꽃의 무덤 위
네 잎 클로버만 물 위에 둥둥 뜬다

돌배꽃 여인

은은한 향 코끝 감돌고
하이얀 청초함은 청상의 누이 모습이다
홀대 받아도 농익은 열매 남겨
보람주고 떠나 아쉬움 남으련만
없는 듯 세월 비켜 서
살며시 피고 지고
미련 없이
스스럼없이 떠난 소복의 여인

금강초롱 꽃등

호젓한 들녘 동산에 피어
애처롭고 가지런한 꽃등
주렁주렁 열렸다
금낭화 금강초롱
닮은 듯 다른 꽃등
옥구슬 종소리
금방이라도 들릴 듯하다
절간에 걸린 수많은 연등도
오래전 우리 누나
손끝에 핀 꽃들도 뜻은 다르련만
추억 속 아련한 꽃등
섬섬옥수 옛사랑 그리워
눈시울 붉히는 요정 같다

복사꽃 전설

쌍무지게 뜨는 언덕
복사꽃 핀 비탈길
가슴 설레이는 요정의 손짓
향에 취해 하늘을 본다
길손 부르는 손짓
분홍꽃 뒤엉킨 동산
벌 나비 찾아든 오롯한 한낮
사랑둥이 천도의 꿈 무르익고
그리움 녹아있는 노을 속
천상의 열매 키울 농익은 모정
선부른 투정 감싸 안고
사랑앓이 슬픈
전설 같은 날이 저문다

미선나무의 꿈

분향 짙게 화장하고
두메산골 호젓한 길 홀로 선 화초기생
사내 녹일 진한 향 풍겨
가는 길손 붙잡는가
하이얀 송이송이 산들바람에 미소 짓고
실낙원의 꿈이 익는다
비자의 약용 열매
살뜰히도 키워내어 실익도 크련마는
숨죽여 비켜선 청상의 숨결인 듯
가련한 몸놀림 조심스럽다

산수유 꽃마중

노랑 아기 밤송이
산골 계곡 자욱이 자리 털고 일어나
철 이른 일벌 부르고
부지런한 박새 가지 누비며 길손 반긴다
하얀 목련 탐스럽고
노랑과 하양의 조화가 아름답다
산골바람 으스스 찬데
회춘의 열매 소담스레 키우고 있다
꽃은 사람 부르고
사람은 사랑의 미로를 헤매이는가

튤립의 정착기

네덜란드가 고향인 그녀
각종행사 빠지지 않고
각양각색의 눈부신 변화를 과시한다
화원 혹은 그림으로
형형색색 자태 뽐내고
종소리 들리는 듯 하늘거린 교태
고운 빛 은은한 향
매료되는 심신
토종 밀어내고 자리매김하는 꽃

꽃잔디 마실방

요염하고 잔잔한 꽃망울
뿌리로 서로 얽혀 어깨동무하고
곱고 고운 작은 자태
어루만지고 싶은 유혹
가녀린 몸매라
두런두런 이야기 나누는 듯
옹기종기 영혼모여
손짓하며 방끗 웃는다

동백꽃 그리움

음지 잔설 잔잔한 햇볕에 녹고
꽃봉오리 웃음 지으며 먼 하늘을 응시한다
겨울에 핀다고 동백꽃이라 부르고
봄을 부르는 전령에 속한다
동박새 중매에 씨방에 꽃술 키워
동백기름 향수에 날 그립다
꽃잎 꼬옥 얼싸안고
송이송이 낙화 후도
애수의 슬픈 웃음 흘리는가

안개꽃 외로움

남을 받쳐주기 위해 태어난 요정
혼자는 너무 외로워
함께 하는 의미 두고
알록달록 예쁨 속
점점이 박혀 웃는다
한 묶음 아우르는 슬픔
외로움 녹아드는 밤
꽃이라 칭하기도 어려워
뿌우연 안개 속에 숨는다

동양란의 마법

첫사랑 닮은 청순함
가냘프게 떨려오는 손끝
그윽한 진한 향에 넋마저 취해
머나먼 고향 찾는 이방인 신세
몇 년에 한번 피는 한풀이 꽃 보려
도자기 화분에 고이 모셔 시원한 그늘에 모셔두고
한문서체 벽걸이 옆
금색바탕 별씨방 요염한 모습
오랜 옛날 선비들 하나 같은 연정
그리움 녹아드는 심경도 지난밤
매난국죽 흠모하는
고고한 자태로 홀리는 마법사

찔레꽃 나그네

은은하고 매혹적인 향기
먼 옛날 사랑을 알게 하고 떠난
매정한 첫사랑의 체취였다
가시넝쿨 가지 사이 웃자란 찔레순
그리움 남겨주고 떠난 추억 속 옛사랑 같아
야속한 향기만 원망을 한다
놓고 갈 사랑마저 식어버린 오월의 夕陽
때 이른 더위에 앞섶 풀어 헤친 채
향에 취해 비틀거린 나그네 人生

참나리꽃 여정

속살 다보여 부끄러운 얼굴
점점이 수놓은 아름다운 자태
풀섶에서 너울너울 춤추는 곱고 고운 눈웃음
잠자리 비단날개에 얹힌 상큼한 그리움
동그랗게 말린 자태 꽃술 수줍고
고운자태 먼 옛날 첫사랑 같다
실바람에 하늘하늘 요염한 눈웃음
그리움에 지친 넋을 찾아
여정을 떠난다

연꽃 요정

물 위에 둥둥 떠
고향 타령 까맣게 잊고 살지
꽃 한 송이 피우기 위해
뿌리마저 비웠나
물방개 실고추잠자리
숨바꼭질 하는 오후
우윳빛 속살
오물대는 아가 입술 방끗방끗 웃고
연분홍 화사한 꽃잎 씨방에 감추고
먼 훗날 꿈꾸는 어여쁜 요정이다

치자나무의 낙화기

약용으로 물감으로
사랑받는 그대
하얀꽃 앙증맞게 점점이 박혀
짙은 향기 흘려
벌 나비 부르면서 방끗 웃는다
염색 염료 오랜 세월 사랑받으며
귀한 열매주고
서산머리 지는 해 따라 꿈마저 접고
산들바람에 쓸쓸히 낙화한다

장미의 슬픈 꿈

빨강 하양 남색 보라의 향연 뽐내고
가시로 상처주고
세월 때문에 변해가는 아름다움
넝쿨장미 하늘거림
코끝자극 하는 짙은 향에
몽유병 환자가 되고
눈속임하는 듯 아쉬운 자태
사랑과 미움의 상반된 꽃
슬픈 꿈만 가득하다

목련 순수

소복 입은 청상의 넋
나비되어 환생인가
추위 매인 이른 봄날
삶마저 일찍 접고
마음의 병인 듯
파르르 떨며 슬피우는가
간난 아기 웃음 같은
때 묻지 않는 순수
마음마저 내려놓고
자유로운 영혼 하늘을 날고
잔잔한 오후 꿈도 접는다

연산홍 사랑

연분홍 저고리 받쳐 입고
봄나들이 나온 새색시다

바위틈 양지기슭
군락 이루어 웃고

슬픔 점점이 녹아
뻐꾸기 서럽게 우는가

깊은 산골 외롭다고
손짓하여 부르고

소담한 꿈 한 자락 나눌
참사랑 그립단다

파초의 꿈

夕陽은
묘한 색체로 다가오고
머물고 싶은 매 순간
가야할 숙명과 실랑이 한다
어두움으로 들기 전
노을 손짓부름의 초연함에
해와 달의 세계 있어
조화로움과 꿈도 자연으로 회귀하고
보내고 맞이한 잦은 이별의 연속
꿈마저 꿀 수 없는 現實

늦가을 정취 속에

탐스런 초콜릿 밤톨 후드득 떨어지고
노란 들국화 손짓한다
풍성함과 쇠락함이 공존하는 들녘
침묵으로 들기 전 낙엽은
화려함 뽐내며 내일을 예약한다
고향 찾아 떠난 마음 한 자락
스산한 바람에 나부끼는데
내 마음의 도깨비 방망이
정 나와라 뚝딱
사랑 나와라 뚝딱

동토에 자란 새싹

늦은 이 나이
애정 싹터도 되나
얼음 채워진
꽁꽁 언 살벌한 가슴에

조용히 찾아든
이 그리움 뭐지
두려움 서글픔
혼돈으로 잠 못 들고

연인으로 정인으로
가슴에 품으면 안 될 사람
부서질 듯 바짝 마른 가슴
콩닥콩닥 심장이 뛴다

6부

사랑이 오는 길목

봄꽃의 반란

목련 개나리 영산홍 벚꽃 라일락
어쩌다 모두 피어
모두 함께 자태를 뽑내는가
윤5월의 요술 때문인가
만개한 꽃 유난스럽다

시절 잃은 갈증
오는지 모르게 오고
지는 듯 피는 꽃들
어이해 힘께 하는가
지구의 온난화
경건한 마음으로 용서 구한다

공원 풍경

진달래 개나리 영산홍
색색 흐드러지게 피고
안개 이슬 낮게 드리운 하늘
현란한 조명
조는 듯 깜박인다

육중한 도시 소음
사위에 내려앉고
길고양이 몇 마리
꽃나무와 벗한다

불 켜진 창문
집집마다 사연들 깃들이고
기다리지 않아도
자정은 찾아든다

달맞이꽃

노랑 저고리 입은 채
한여름밤 더위 피해 저녁에 나들이하고
아침이면 가는가
푸른 별빛 여울진 들녘 매미소리 찾아들 때
옛 이야기 소곤소곤 정답다
기다림의 상이 돼버린 그녀
어쩐지 외로운 새아씨 한숨 머물고
꽃씨방에 깃든 미소가 곱다

빗방울

늘어진 전선줄 타고
또르르 또르르르
방울방울 그네를 탄다
끊임없는 행진
소곤소곤 이야기 전해주고
가로등 불빛에 예쁨을 자랑한다
링거액처럼 똑똑 떨어진
사연 많은 인생사도
똑똑 또르르 방울져 흘러가고
깊은 밤 꿈속 멀어져 가는
너와나의 슬픈 사연들
뒤돌아보는 그리움만 한가득이다

당신을 위하여

먼 하늘 뭉게구름
산등성이에 아롱다롱
아름다운 시어입니다
당신을 그리워하고
사랑을 위한 염원을 담아봅니다
평생 안고 살아온
삶의 무게 드리운
부평초의 설움 떠나보내렵니다

코스모스 들길에서

꽃길 따라 가고
시름도 가는 길
텅 빈 가슴 부여 안은
시련의 모진 세월

고즈넉한 들길
꺾일 듯 가녀린 꽃대
하늘거린 꽃에서
여인의 쓸쓸함이 묻어난다

고추잠자리 춤사위 너머
단풍진 산마루 곱고
수줍은 노랑 들국화를 바라보노라니
잊었던 고향이 그리워진다

만추

때늦은 후회와 함께 달려온 歲月
산새울음 홍 단풍
실개울에 떠나보낸다
제할 일 다 했다고
마지막 떠나는 선혈을 보라
새색시 볼연지 닮고
샛노란 병아리 닮아
온 누리 울긋불긋
곱게 채색한 채
뚝뚝 섧게 눈물 흘린다

함박눈

새하얀 눈꽃송이 계속 쌓인다
들도 나무도 온통 흰 세상이다
세상의 슬픔 사악함 온갖 더러움
모두 거두어 갔으면 좋겠다
전선 휘감는 가냘픈 휘파람소리가
내가 겪은 고통의 비명 같다
쌓인 눈…
아픈 사연들 밟을 때마다
비명을 지른다

사랑이 오는 길목

몸서리 처지는 한기
눈밭에 매인 추위가 매섭다
용서와 화해 심고 싶다

하루 종일 말문 닫고
외로움과 씨름하고
태산처럼 쌓인 그리움
따스한 사랑의 온정 그리워
깃털 같은 보금자리 원했다
마음에 피는 꽃
가슴을 열면
웃음이 오는 길
행복이 깃든 길
아픔 후에 오는 게
봄꽃 오는 길과 다르지 않다

야밤의 탄식

머언 옛날이 유난히도 그리운 밤
오매불망 그립고
달콤한 사랑이 아니어도 좋다
외로움 나눌 벗이면 된다
신비함의 베일은 없어도
따사로운 가슴이면
꿈속에서라도 좋다

겨울바다

세속 시름겨워 바닷가 찾아드니
찬바람 시린 볼 눈가까지 살얼음이다
성난 바다엔 파도 거칠고
하소할 곳 찾았으나
갈매기 춤사위만 부산하다
서남동해
한결같이 파도 사납고
살아온 한세월
석양노을 닮았나 보다
정처 없는 마음
뜬구름처럼 흘러가고
떠돌이 나그네의
겨울바다엔 파도만 섧게 운다

동백꽃 화신

추위에 파르르 떠는
붉은 입술 금수술 매달고

북풍 속 사랑 손님
나뭇가지 매달린 새아씨 연지볼

나무 밑 실개울에
꽃신 벗어놓은 화신은 몸 날리고

꽃송이 낙화해도 화신은 웃고
실 꼬치 목도리로 마지막 길 장식한다

바램은 끝이 없고

가는 歲月보다
남은 백발 약속하고

기대고 싶은데
기댈 사람이 없다

후회 없는 삶이고 싶은데
허무하기만 한 가슴

잊혀진 사람보다
기억되는 사람이고 싶고

그러나 순간 찰나에
찾아드는 슬픔

순수함 지니려
연민과 씨름하고

되뇌이는 독백 창공의 별 되고
또다시 마중하는 여명 약속하다

끝없는 방황

세찬 눈보라 파도 속에 숨고
하얀 포말 토하는 화진포 바닷가
제발 삼켜주면 좋으련만
살을 에는 바람만 따갑게 휘감긴다
함박눈 오는 캄캄한 밤
어떤 인연줄 끊겼으면 좋으련만
야윈 가슴 파고드는 알 수 없는 미련
운명 탓에 통곡하고
별이 되어 가려해도
눈보라에 쌓인 아픔
가실 길 요원하다

가혹한 유혹 떨치고

인적 없는 휴전선 옆
한치 앞 볼 수 없는 함박눈
몸 위에 쌓이기 두 시간
눈 속이 오히려 따스했다
바닷가에 던져진 육신
아수라의 백팔번뇌 순간 스치고
먼 세상 가고픈 허탈한 마음
빨리 가고 늦게 가는 시공의 차이

무릎까지 빠진 눈길
방향도 잊었다
귓가의 파도소리는
누구의 부름인듯하다
몸의 감각 잊은 지 오래
모두 내려놓고 싶은 무아의 세계
세속에 남은 마지막미련
떨치지 못한 못난 마음 때문에…

찜통더위 달마저 수난인가

111년만의
찜통더위
중천에 뜬 달마저
녹아내렸나
반쪽도 되지 않는 조각달
서편 하늘
외로이 걸려있다

* 2018년 8월 16일(음 7월 6일)

꿈에 씨앗 심고

구름 위에 달 가나
달무리에 구름가나

열두 마당 굿판에
살 같은 歲月

존재감마저 희미한
노을 닮은 뒷모습

잊혀진 사연들
아련히 맴돌다가

어쩌다 깨어나
꿈의 씨앗을 심는가

하얀 눈은 내리고

온 누리 안개 속 빛 한 줄기
연보라 그리움
세월만큼 멀어진 약속한 미련
떠돌이 고단한 삶 다독이는 손길
수시로 가도하는 듯
두 손 모은 그림자
해맑은 심성
고심초사 하는 넋
세상 흠결 덮고져
하얀 눈 내리고
그리움 소북이 쌓여갑니다

눈꽃

삭막한
겨울이 싫어
하얀 꽃송이 피운다

혼자 외로울까봐
고드름 줄기 위에
처마 지붕이 열렸다

바람도
꽁꽁 얼어
회오리 숨 가삐 쉬고

호젓한
산골짜기 쌓여
손짓하는 겨울 손님

산들바람 꽃비되어

꽃은 지기 위해
피는 게 아닐 텐데

어이 그리 서두르며
빨리 지는가

향기 남긴 채 산들바람에
꽃비되어 내린다

어느 봄날에

발 동동 꿈 동동
꽃그늘 향기 따라

하늘 한번 쳐다보니
구름 둥둥 마음 둥둥

하얗게 퇴색한 꿈
한 움큼 움켜쥐고

마음속 깊이
흩뿌려본다

첫 사랑

가슴 깊이 각인된 첫 사랑
얼굴도 나이도 그대로
세월 흘러도 생각은 늙지 않는다
짊어진 삶의 무게만큼 살아온 세월
전부에 버금가는 값진 보석 같은 존재
마음 집중하고 싶은데
구름처럼 흩어진 산만한 꿈속에서도
아련한 첫사랑의 그리움만 한가득이다

작품해설

자아성찰, 그 숭고한 시편들

- 김순진(문학평론가 • 은평문인협회 회장)

<작품해설>

자아성찰, 그 숭고한 시편들

김순진(문학평론가 은평문인협회 회장)

평소 친분이 있는 수필가께서 필자에게 전화를 하셨다. <창조문학>으로 등단하신 좋은 시인이 한 분이 있는데 은평문인협회에 가입시켜드리고 싶다는 말씀이었다. 은평문인협회 회장을 맡고 있는 나는 그분의 연락처를 카톡으로 전해 받고 바로 전화를 드렸다. 그리하여 김가용 시인께서 지난 해 은평문인협회에 가입을 하셨다. 처음 뵌 김가용 시인은 중절모를 쓴, 멋지게 늙어가고 계신 신사이셨다. 이후 몇 번 함께 밥을 먹고 우리 은평문인협회 행사에도 열심히 참여하셨다. 행사에 여러 번 참여하시면서 김가용 시인은 정말 신사적인 면모를 보여주셨다. 시인께서는 그동안 내신 다섯 권의 시집을 보내주셨다. 그 시집 다섯 권을 모두 읽으니 나는 김가용 시인께서 어떤 생각으로 어떻게 살아오셨는지 잘 알 수 있었다. 김가용 시인의 시편들에는 선시(禪詩)가 많다. 나를 돌아보고 다스리고 겸양하는 시를 시단에서는 선시라 말한다. 김가용 시인은 여든을 바라

보시는 어른이시다. 나도 어른이 되면 어떤 시를 쓸 것인가 자문자답해보지만 나도 그 땐 김가용 시인처럼 선시를 쓸 것 같다. 나는 무엇을 하며 살아왔는가? 나의 문제점은 무엇이며 내가 잘 한 일은 무엇인가? 남은 인생은 어떻게 살 것인가? 그렇게 생각하자니 김가용 시인의 얼굴에 든 후덕한 인상이 모두 마음으로부터 나왔다는 생각을 해본다. 늘 겸손하시고 배려하는 마음으로 사시는 김가용 시인, 그렇지만 그의 내면에는 용의 기개가 들어있다. 청년이라는 말, 젊다는 말은 나이로 가질 수 있는 말이 아니다. 생각이 고루하면 애늙은이라는 말을 한다. 김가용 시인은 젊다. 왜냐하면 그가 바라보는 세상이 젊기 때문이다. 젊은 세상에 사는 시인은 젊은 감각으로 시를 쓴다. 그러면 이쯤에서 김가용 시인께서 어떻게 자신의 내면을 추슬러 겸양의 도를 행하는지 시 몇 편을 읽어보자.

피 튀는 격전의 전장
구태어 참전하지 않아도 되는 한국 전쟁

자유와 평화위한 숭고한 사명감
당신의 결연한 의지와 용맹 제삼 감사드린다

1950년 9월 22일 녹번동에서 순직한
故 윌리엄 해밀턴 쇼 대위

당신의 희생 금자탑으로 남아

반공의 지폭제가 되고 후대의 자랑입니다

서부병원 옆 어린이 놀이터 좁은 공간 비석으로 기리다가
평화공원 내 동상으로 우뚝 서게 되었고

당신의 못 이룬 통일의 업적 귀한희생
반드시 이루어 만대에 길이 빛날 것입니다

– 「윌리엄 해밀턴 쇼 대위를 기리며」 전문

윌리엄 해밀턴 쇼(Shaw, William Hamilton) 대위는는 1922년 6월 5일 평양에서 출생하였다. 평양에서 외국인학교를 졸업하고, 아버지 모교인 오하이오 웨슬리언 대학을 졸업하였다. 제2차 세계대전 때 유럽 진격 해군 장교로 참전 후, 미군정청(美軍政廳) 소속으로 내한하여, 한국 해군과 해병대 창설에 기여하였다. 해군에서 제대 후 한국 선교사를 목표로 하버드대학에서 연구하다가 6·25가 발발하자 한국 해안지역의 취약한 방위 상황을 깊이 우려하고 한국과 한국인을 위하여 싸우고자 해군 대위로 다시 입대하였다. "인천상륙작전"에 참전하고, 서울 수복 진두지휘 중 1950년 9월 22일 녹번리 전투에서 전사하였다. 서울 은평구 응암1동 85-41번지 '응암어린이공원'에는 백낙준 등 61명의 기념비 건립위원들이 1956년 9월 22일 전사지에 세운 추모비를 옮겨 놓았다. 비문에 요한복음 15:13(친구를 위하여 자

기 목숨을 버리면 이에 더 큰사랑이 없나니)이 새겨져 있다. 2001년 10월 20일 제자이자 친구인 해군사관학교 2기생들에 의하여 “쇼의 숭고한 한국 사랑과 거룩한 희생을 추모하여”라고 쓰인 좌대석이 추가로 놓여졌다. 하버드 엔칭도서관을 찾는 사람들은 1952년에 출판된 김말봉의 ‘찔레꽃’ 같은 책들이 있는 것을 보고 깜짝 놀란다. 한국전쟁 중에 나와 우리나라에서도 찾기 힘든 책들이기 때문이다. 한국전쟁 중에 서울근교에서 전사한 하버드대 중국학 전공 대학원생 ‘윌리엄 쇼 기념도서’라고 찍혀 있다. 쇼의 가족과 친구 5925명이 2~3달러씩 모은 추모기금으로 사들여 기증한 책들이라고 한다. 항간에는 한국인도 추모를 못하는데 외국 사람을 은평구에서 추모하며 공원을 세웠다고 말들이 많다. 그렇지만 나는 우리나라에 와서 죽을 이유가 전혀 없는 윌리엄 해밀턴 쇼 대위의 자유를 위한 희생정신이야 말로 그 무엇보다 값진 것이며 동상과 추모공원을 만들어 영원히 기념해야 마땅하다고 생각한다.

자식이 울타리 되고
재산이고 보물이라는 마음으로
모진 세월 온갖 고생 낙으로 삼아
살뜰히 키운 자식들
웃어른과 부모 섬긴 인간본연의 도리요
마땅한 섭리라 배웠거늘

이순 넘긴 요즈음
가슴의 멍울 병 되어 흐르는 눈물 주체 못한다
무정한 자식들 하늘 무섭지 않는지
버림받은 어미마음 헤아려 보았는지
자식들 체면 살리려 안으로 삼킨 한
저세상 갈 때까지 지니고 가야 하나
집 전부를 자식에게 넘겨주고
지금은 요양원 신세다

- 「어느 부인의 눈물」 전문

이 시를 읽으니 약 10여 년 전 텔레비전에서 세간에 화재가 된 뉴스가 생각난다. 구로구의 한 동네에 아버지가 돌아가시고 어머니가 홀로 남았다. 아버지 생전에는 다들 부모를 안 모시겠다고 버티더니 어쩐 일인지 둘째 아들네가 어머니를 모시겠다고 집으로 들왔다. 둘째 며느리는 야금야금 자신의 야심을 드러내기 시작했다. 시어머니를 모시겠다는 효도를 빌미로 재산을 차지하려는 속셈이었다. 그런데 둘째 며느리의 시어머니 학대가 날마다 도를 넘었다. 맞벌이부부라는 이유로 시어머니는 며느리의 속옷까지 빨래하며 며느리의 입맛에 맞는 밥 수발을 들어야 했다. “어머니 이걸 빨래라고 했어요.”라며 시어머니한테 자기 속옷을 내던지는가 하면, “너무 짜잖아요. 너무 싱겁잖아요.”라며 날마다 구박이 가중되었다. 물론 한창 손이 필요한 어린 손자를 돌보는 것도 시어머니의 몫이었다. 하루는 주전자에 물을 끓이다가 그만 어린 손자가 주전자에 팔뚝이 닿아 조금 데이게 되었다. 시어머니는 며느리한테 전화를 걸어 "이 일을 어쩌면 좋으냐? 아이가 팔뚝을 데었구나?"라고 말하자, 득달같이 집에 돌아온 며느리는 "미친년이 집에서 놀면서 아이 하나도 제대로 못 보느냐?"며 시어머니의 따귀를 갈겼다. 따귀를 맞은 시어머니는 하도 기가 막혀서 둘째 아들한테 자초지종을 전화로 일렀다. 그랬더니 전화기에서는 "맞을 짓 했네."라는 둘째 아들의 더욱 기가 막힌 말이 돌아왔다. 시어머니는 그 길로 복덕방으로 갔다. "아저씨, 이 집이 시가로 50억쯤 나간다고 하던데 당장 30억만 받아주세요." 이튿날 며느리와 아들이 퇴근하기도 전에 집이 팔렸고, 시어머니는 옷가지 하나 싸지 않고 집을 나가 잠적했다. 저녁때가 되자 둘째 아들과 며느리가 집으로 들어가려 했지만 이미 주인이 바뀌어 문은 굳게 잠겨 있었다. 복덕방 아저씨가 낸 소문에 따라 그 집 앞에는 동네의 구경꾼들이 인산인해 모였는데 사람들마다 "저 년이 시어머니 때린 년이야"라며 손가락질을 해댔다고 한다. 이 시에서 보듯 시어머니의 재산을 모두 빼앗고, 결국 아무도 시어머니를 안 모시고 요양원에 계신다고 하니 정말 가슴이 무너진다. 나 역시 홀아버지를 모시고 살지는 못했지만 결혼 직후부터 30여 년 동안 단 한 번도 아버지와 새어머니 생신을 안 차려드린 적이 없다. 아버지의 생신이신 대한 때면 눈이 너무나 많이 내려 다들 가지 말라고 해도 거북이걸음으로 고향을 찾아가 생신을 차리며 아버지 친구들을 대접해드렸고, 군인교회에 다니시는 새어머니의 생신 때는 한여름이었는데, 냉장고도 없이 음식을 차리던 시절이라 음식이 쉬는 것을 걱정하며 수십 명씩 데려오는 군인교회의 병사들을 대접해 먹이던 생각이 난다. 두 분은 모두 돌아가셨지만, 나는 지금도 가끔 아버지의 생신 때면 시골 마을회관에 가서 동네 어른들에게 음식을 차려드리며 아버지를 회상하곤 한다. 젊은 사람들은 어른들한테 잘 하면 자기가 복 받는 걸 모르는 모양이다. 참으로 안타깝다.

아침에 까치가 울면
반가운 손님이오고
하루 종일 좋은 일 생긴다 하여
마음이 열리고 가슴이 뛰었습니다
까마귀 까악까악 울면
등골이 오싹 가슴이 쿵
그러나 일본에선 길조에 들지요
기른 정 못 잊어 어미 봉양하는
효도의 새이기 때문이죠
길 흉 편견 없이
벌레 퇴치해주고 과일 피해주지만
우리 곁 함께 해온 토종 새이기에
예쁜 마음으로 바라봐야지

-「길조와 흉조」 전문

우리나라 사람들은 지금도 아침에 까치를 보면 속으

로 "무슨 좋은 소식이 있으려나?" 생각하며 기분이 좋아지고 까마귀가 울면 침을 "퉤퉤!" 뱉으며 기분이 언짢아한다. 그동안 우리나라에서는 까치를 길조, 까마귀를 흉조로 인식해왔다. 그런데 유럽이나 일본에서는 까마귀는 효도의 새라 하고, 까치를 도둑새라 부른다. 까마귀는 주로 음식물찌꺼기나 동물의 사체를 먹는가 하면, 까치는 주로 사과나 배 등 농작물을 주식을 먹는데서 그 이름이 유래한다. 특별히 까마귀는 예로부터 반포조라 불려왔다. 반포조라는 말은 반포지효(反哺之孝)라는 고사성어에서 유래한 말로 까마귀 새끼가 자라서 늙은 어미에게 먹이를 물어다 주는 효라는 뜻으로, 자식이 자라서 어버이의 은혜에 보답하는 효성을 이르는 말로 통한다. 까마귀는 제 새끼를 석 달 간 먹이를 물어다 지극정성으로 돌본다. 그렇게 자란 새끼가 다 자라서 어미에게 먹이를 물어다 공양한다고 한다. 뿐만 아니라 나뭇가지에 앉아 있을 때에도 새끼는 어미보다 윗가지에 앉지 않는다고 한다. 우리는 자랄 때 아랫목을 어른이 앉는 것으로, 어른이 먼저 밥을 한 술 뜨셔야 그 다음에 먹는 것으로 알고 자랐다. 그런데 지금은 모든 순서에 있어 아이들이 먼저다. 애들 먹을 반찬에 손을 댄다고 아비들은 아내한테 야단맞기 일쑤다. 애들 먼저 먹여 학교에 보내야 한다고 아버지를 우선시하는 시절은 멀리 갔다. 새는 똑같이 새다. 색이 검다고 해서 차별하는 것은 백인도 아니면서 백인인척 하다가 상처를 받는 우리 황색인종의 비애 같다. 자기도 유색 인종이면서 흑인이나 동남아 사람들을 차별하고 비하하는 우리 코리안 같다. 사람은 똑 같은 사람, 새도 똑 같은 새다. 길조도 흉조도 없으며, 피부색에 따라 대접하는 사고방식은 이제 그만두어야 한다.

고시촌 출입구 식수대 옆엔
언제부터인가 컵라면이 한 개씩 놓여있고
그 옆엔 식사 못하신 분 드시라고 쓰여 있었다
그 어느 날부터
식사는 못했지만 나보다 시장하신 분 드시라고
적혀있고 컵라면이 그대로 있었다
그 다음 다음날에도
양보해주신 분 감사합니다만 시장하실 때
꼭 드시라고 하고
그 후엔 컵라면이 두 개 세 개로 불어났다

- 「아름다운 양보」 전문

이 시집의 제목이 된 시다. 앞서 말한 바와 같이 이 시집 전체를 읽을 때의 주된 시적 전개 방식은 선시였다. 선시란 마음을 다스리는 시란 뜻이다. 그래서 나는 사람으로 태어나, 어찌하면 사람답게 살 수 있을까에 초점을 맞추며 시를 골라 작품해설을 쓰고 있다. 이런 시를 읽으면 마음이 훈훈해진다. 비록 힘든 사람들이 함께 살아가는 공간이 고시촌이라 하지만 저런 사람들이 많이 늘어난다는 것은 우리나라의 미래가 환하다는 생각을 해본다. 밥을 먹지 못한 사람들을 위하여 컵라면을 놓아두는 사람, 그리고 자기도 밥을 못 먹었지만 나보다 더 배고픈 사람이 먹으라며 컵라면을 놓아두는 사람이 그 아름다운 양보의 선행을 이어갈 수 있는 발판을 마련한 것이다. 요즘 사람들은 나만 안다. 아니 나밖에 모른다. 아래층이야 시끄럽든 말든 쿵쿵거리며 잣이나 도토리를 까고, 런닝머신을 뛰어댄다. 위층이야 냄새가 나든 말든 청국장을 끓여댄다. 이웃집에 누가 사는 줄도 모르니 아예 인사하는 법도 없고, 새로 이사 온 집 아이가 떡을 가져와도 "우리 집은 떡을 안 먹어."라며 돌려보내는 광고를 볼 때 가슴이 아프다. 나는 앞집 장로님 댁과 정말 친하게 지낸다. 명절이면 꼭 과일박스를 들고 인사를 가고, 무엇이든 좋은 선물이 들어오면 나는 연로하신 장로님과 권사님과 나누어 먹는다. 돌아가신 부모님을 대하는 것 같아 너무 기분이 좋다. 장로님네 앞마당에 감이 엄청나게 열리는데, 장로님은 우리 안식구가 감을 좋아하는 것을 알고 자주 나눠주신다. 서로 나누어 먹는 사회가 아름다운 사회라는 것을 실천해준 고시촌 사람들을 보니 기분이 좋아진다.

> 너무나 소중한 父母子息의 인연
> 時代가 변해도 귀한 혈연인 걸

子息 잘못 인정하기 싫은 한결같은 父母 마음
現實과 동떨어진 못난이 마음
타인을 의식하지 않고 보는 사람 없으면
차라리 내다버리고 싶은 관계
자신의 뜻대로 되지 않는 모습 보며
얼마나 마음 아플까 지레 걱정하고
이해하려는 합리화 앞서고
마흔 넘은 만혼지관(晩婚之冠) 자식 두고
손주들 결혼잔치 찾는 마음 아는 듯
밖엔 주룩주룩 궂은비만 내린다

– 「만혼의 자식 보는 父母 마음」 전문

나에게도 결혼 적령기를 넘어서고 있는 두 아이가 있다. 서른한 살 먹은 딸아이는 시집을 가지 않겠다고 공공연히 말한다. 그럴 때마다 나는 큰 죄를 지은 사람이 된다. 부모가 부유해서 넉넉하게 살림도 마련해주면 좋으련만 그럴 수 없으니 시집가라고 강요할 수가 없다. 게다가 스물아홉 살을 먹은 아들은 취업이 너무 어려워 지난해 말에 억지로 취업을 했으니 자리 잡고 아가씨 사귀려면 아직 3,4년은 기다려야 할 것 같다. 아무튼 내가 스물여덟 살에 결혼을 했던 것에 반해 두 아이가 모두 내 나이를 넘겼으니 결혼적령기를 넘어서고 있는 아이들을 보니 걱정이 앞선다. 남들처럼 집을 척척 사줄 수 없는 상황이니 아비는 "언제 결혼을 할 거냐, 애인은 있느냐" 물어보지도 못하고 죄인인양 가만히 있을 수밖에 없다. 이제 우리 부부의 속앓이가 해가 갈수록 더해질 것 같아 걱정이다. 그런데 나보다 속이 타셨던 분이 김가용 시인이셨을 것 같다. 마흔이 넘는 나이에 결혼 못하는 자식을 보는 부모 마음이 얼마나 속이 타셨을까? 마흔이 넘었으니 손자를 볼 수는 있을까? 아직 낳지도 않은 손자는 언제 태어나고 언제 자라나 제 밥벌이를 할 수 있을까 생각하면 만감이 교차할 것 같다. 우리 때는 사랑만 있으면 결혼을 했는데, 요즘 젊은이들은 사랑보다는 조건에 결혼이 맞춰져 있다고 생각하니 씁쓸하다. 엄마 아빠처럼 구차하게 살기 싫다는 생각에 대하여 동의는 하지만 두 사람이 진실한 사랑으로 만나 열심히 살면 좋은 일도 생길 수 있고 꿈이 재산이라는 말을 해주고 싶다.

부를 탐닉함보다 검소함을
환락보다는 근검을 우선시하며
일벌로 살아 왔다
나보다 남을 우선시 하고
평범한 일상 최선을 다했다
손익을 기획한 바 없고
그저 비우려 노력했고
보상받지 못한 삶속
허수아비가 되고
꼭두각시로 각인된 삶이었다
눈 옆을 가린 채
앞 만 보고 달리는 경주마처럼

달려온 한 세월
뭐가 그리 바빴는지
뒤늦은 후회만 가슴을 친다

- 「때늦은 후회」 전문

사람들이 죽을 때 하는 후회가 있다. '땅 좀 더 살 걸', '큰 집 좀 지을 걸', '돈 좀 많이 벌 걸'이라는 후회를 하는 사람은 하나도 없다. 죽음을 앞둔 사람들은 모두 '내가 왜 그렇게 움켜쥐려 했나', '가족들에게 왜 그렇게 강하게 대했나', '친구들에게 베풀지 못했나' 등 그런 후회한다. 얼마 전 세종문화회관에서 있던 출판기념회에 다녀왔다. 나는 그 출판기념회에 참석해달라는 초대장을 국제펜한국본부와 한국문인협회, 한국현대시인협회 등 다양한 통로로 제의 받았다. 나는 '혹시 저분이 한국문인협회 이사장 선거에 나오는 분인가' 의심했다. 그렇지 않고서야 세종문화회관의 식비가 얼마인데 사람들을 그렇게 많이 초대할 수 있을까 생각하며 별로 가고 싶지 않았다. 그런데 시청역 근처 정동에 있는 배재대학교 박물관에서 한국시문학아카데미 세미나에서도 한 교수가 오늘 세미나를 마치고 세종문화회관에 가서 밥을 먹자고 했다. 하여 여러 중견시인들과 함께 정동길을 걸어서 세종문화회관으로 왔다. 세종문화회관에는 대략 500여 명의 문인들과 학자들이 운집해 있었는데 그가 쓴 소설책을 3권이나 선물로 주었다. 우리들은 무슨 약장사에 걸린 것처럼 조마조마하는 마음을 가지고 행사에 참여했다. 그랬더니 그 노 교수가 단상에 올라와 말했다. 제가 강의하고 외국 대사로 다니느라고 우리 문인들한테, 우리 학자들한테 밥 한 끼도 살만한 여유가 없이 살았다. 이제 팔순을 맞이하여 밥 한 번 사드리고 싶어 이렇게 많은 분들을 모셨으니 맛있게 잡수시라는 말씀을 하셨다. 저절로 박수가 터져 나왔다. 평생 수십 억의 돈을 벌었는데 그거 한 푼 써보지 못하고 자식들에게 모두 빼앗기는 사람들을 봐온 나는 그분이 그렇게 멋있을 수가 없었다. 나도 팔순이 된다면 그렇게 하고 싶다는 소망이 속에서 기둥처럼 솟구쳤다. 잘 살아도 후회 못 살아도 후회란 말이 있다. 큰 돈을 벌지 못해 후회가 되기도 하시겠지만 "환락보다는 근검을 우선시"하며, "나보다 남을 우선시"하고, "평범한 일상 최선을 다"해 "손익을 기획한 바 없"으신, 그리하여 "그저 비우려 노력했"다고 말씀하시는 김가용 시인님께 '정말 잘 살아오셨다'고 치하드리며 우레와 같은 박수를 보내드린다.

> 추위가 맹위를 떨친 체감은도 영하 13º넘는 정오
> 80 중반의 할아버지가 조그만 관을 쫓아가
> 얼굴 한 번이라도 더 보아야 한다고
> 넘어지고 기어가며 장의버스 관실 문을 잡고
> 섧게 섧게 오열한다
> 그 흔한 오리털 점퍼도 없는지

검은색 허름한 점퍼 입고 뒤따르는 상주도
10여명 내외
人生의 참사랑을 봤다
마지막 한번이라도 더 보고픈 할머니모습
할아버지의 그 절규가 걸음을 멈추게 했고
나도 몰래 눈물짓게 했다
할아버지! 평생 잘살아 오셨습니다
평생 나눈 정에 대한 아쉬움의 오열
진심 가득한 눈물을 봤다

- 「평생 잘살아 오셨습니다」 전문

사랑이란 무엇일까? 젊은이들은 이벤트라고 말한다. 중년들은 책임이라고 말한다. 어른들은 배려하는 하는 것이라 말한다. 사랑의 정의는 나이에 따라 장소에 따라 관점에 따라 다르게 나타날 수 있다. 나는 사랑이란 죽을 때까지 함께 하는 것이라 말하고 싶다. 결혼할 때 주례선생은 신혼부부에게 서약을 받는다. "비가 오나 눈이오나 서로 존경하고 사랑하며 함께 할 것을 맹세합니까?"라고 묻는다. 그러면 신랑 신부는 큰 소리로 "예!"라 대답을 한다. 그런데 긴 결혼생활에는 여러 가지 복병이 있어 이혼이 너무 쉽게 결정된다. 그저 업이려니, 그저 남들도 그렇거니 하고 살면 살아진다. 인생은 망망대해에 일엽편주를 타고 헤쳐 나가는 것이 아니라, 수없이 밀려오는 파도를 견디는 것이라고 한다. 백병원 영안실에서 장의버스로 관을 옮기는 과정에 한 노인이 아내의 주검을 따라가며 슬피 울고 있다. 50년의 성상을 함께 해온 삶이니 얼마나 서러울까? 어릴 적 돌아가신 엄마의 산소에 아버지는 술만 잡수시면 찾아가 '왜 그렇게 일찍 갔느냐', '나만 두고 가면 어떻게 하느냐', '어떻게 살아야 하느냐'며 우시던 생각이 난다. 수없이 밀려오는 파도를 견디고 해로하신 부부의 삶을 보면 조금 먼저 떠난 아내의 주검 앞에 목 놓아 통곡하는 남편의 울음은 아마도 '그동안 부족한 나와 살아줘서 고맙다'는, '잘 해주지 못해 미안하다'는, '아이들 기르고 시댁 출입하며 함께 사느라고 수고 많았다'는 감사의 울음이었을 것 같다. 사랑했던 사람과 이혼을 하거나 먼저 한 사람이 저 세상으로 먼 길을 떠났을 때 사람은 가장 큰 스트레스를 받는다는 연구논문을 본 적이 있다. 결혼에 실패한 남자들은 아무리 재혼을 한다고 할지라도 조강지처에 대한 그리움은 그 무엇으로도 채울 수 없다고 한다. 김가용 시인의 말씀처럼 나도 그 할아버지께 "평생 잘살아 오셨습니다"라고 인사를 드리고 싶다.

> 손에 땀나고 가슴 조이는
> 천분의 1초 다루는 매 경기
> 국위선양을 위한 빙판 위 곡예
> 간곡한 기도로 선수들 꿈 이루어지길 빌었다
> 미소 뒤에 드리워진 긴장의 끈 계속되고
> 각 레이스마다 전대미문의 쾌거가 이루어진다

특히 주 종목 쇼트트랙 스피드 스케이팅은
조바심에 가슴 두근대며 손이 땀에 젖는다
천분의 1초 차로 금이 되고 은이 되어
아나운서 가슴 쫄깃대고

지켜보는 마음은 쿵쾅쿵쾅이다

– 「평창동계올림픽을 보며」 전문

우리나라 선수
다 이겼으면 좋겠고

외국 선수
시합에 모두 졌으면 좋겠다

스피드 스케이팅 1500M
천분의 1초차 금메달

지나친 내 욕심
망령의 해프닝이길…

– 「빗나간 애국심」 전문

위의 시 두 편은 2018년에 열렸던 평창동계올림픽을 보며 쓰신 시다. 우리나라 컬링 여자대표 선수들이 선전을 해서 매우 인기가 높았던 생각이 떠오른다. 여자 컬링대표팀 주장이었던 김은정 선수가 동료선수 절친 김영미 선수를 부를 때 '영미이, 영미 영미 영미'하고 외치던 장면은 지금도 잊을 수가 없다. 사람들은 외국에 나가면 애국자가 된다고 한다. 외국과의 스포츠경기 역시 애국자로 만드는 지름길이다. 그래서 각 나라에서는 스포츠에 대하여 막대한 투자를 하는 것 같다. 아무리 강도나 폭력배라 할지라도 자기네 나라와 외국 선수가 싸우는 월드컵 축구경기에 무관심한 사람은 없다. 지난 2002년 월드컵 경기가 한창이던 6월 말에 친구의 아버지께서 돌아가셨다. 그날 저녁에 문상을 갔는데 이탈리아와 우리나라 간의 8강 전 경기가 열렸다. 안정환 선수가 페널티킥을 실축하였을 때 우리나라 사람들은 너무나 큰 실망을 했다. 결국 두 나라 선수들은 연장전까지 가게 되었는데, 그러다가 안정환 선수가 헤딩으로 골을 넣어 우리가 8강에 올라가게 되었다. 당시 초상집에 있던 손님들과 상주들까지 모두 얼싸안고 춤을 추며 "오 필승 코리아, 오 필승 코리아"노래를 부르며 "짝짝짝 짝짝 대한민국!"을 외치던 생각이 난다. 상제의 신분도 잊은 채, 상가에 간 사람들 역시 상제를 위로해야 할 본분도 잊은 채 너무 기뻐 서로를 얼싸안고 뛰던 생각이 엊그제 같다. 2002년 월드컵 이후 16년 만에 한국에서 치러진 동계올림픽에 우리나라 사람이 이기기를 바라는 것은 한국 사람들이라면 누구나 똑 같은 심정일 것이다. 상대방 선수도 열심히 준비해 왔겠지만, 그 수고야 어찌 되었든, 우리나라 선수만 이기기를 바라는 마음을 어찌 탓할 수 있으랴. 함께 응원하던 그 시절이 그립다.

이상에서처럼 시 몇 편을 주마간산 격으로 읽으며 김가용 시인의 시세계를 여행해보았다. 이 시집 전체를 읽어볼 때 김가용 시인의 시는 선비의 시이고, 학자의 시이며, 존경받는 어른의 시다. 그렇지만 시의 소재를 택하고 비유하는 방식은 젊은 시인들에 못지않은 감각을 유지하고 있었다. 우리는 옛것을 본받아 새것을 추구해야 하는데, 요즘 젊은이들은 무작정 새것만을 받아들이는 경향이 없지 않다. 일찍이 연암 박지원은 법고창신(法古創新)을 주장했다. 옛것을 본받아 새 것을 창조한다는 뜻으로 온고지신(溫故知新)과 유사하다. 그러나 온고지신이 온화한 변화라면 법고창신은 개혁적 변화를 말한다. 말하자면 온고지신을 어른들의 개화사상이라 보면 법고창신은 젊은이들의 개화사상이라 보면 맞을 것 같다. 그런데 김가용 시인의 생각은 겉으로 보기엔 온고지신처럼 보일 수 있으나, 그 주제와 소재를 두루 살펴보면 개화사상이 가미된 법고창신적 글쓰기를 해왔다고 볼 수 있다. 작품해설에서 소개한 글만 보더라도 글감들이 현대 사회에서 나타난 병폐와 부조리한 현상들을 꼬집어 써내고 계시기 때문이다. 법고창신(法古創新)이란 말은 원래 법고이지변(法古而知變) 창신이능전(創新而能典)에서 나온 말로 앞 두 글자를 따서 만든 사자성어(四子成語)다. 법고이지변(法古而知變) 창신이전능(創新而能典)의 뜻은 "옛것을 본받으라고 하면 껍데기만 흉내내니 문제가 되고, 새 것을 만들라고 하면 듣도 보도 못한 황당한 말만 한다"는 뜻에서 왔다. 그렇지만 이것은 직역이고 박지원 선생이 하려던 말씀의 뜻은 "옛것을 본받더라도 오늘에 맞게 변화시킬 줄 알고, 새 것을 만들더라도 법도에 어긋나지 않게 만들면 문제가 해결된다."고 하셨으니, 김가용 시인의 시는 옛것을 바탕으로 깔되 요즘의 상황에 맞추고, 새것을 추구하되 전통을 따라서 하자는 법고창신의 취지에 걸맞은 시를 쓰시고 있는 것이다. 시집을 내면서 참으로 행복했다. 배려하는 마음과 나누는 마음, 그리고 봉사하는 마음이 담긴 김가용 시인의 마음세계를 여행하고 나니, 마치 요순시대를 다녀온 느낌이 든다. 따라서 이 시집은 김가용 시인께서 오랜 경험을 바탕으로 어떻게 사는 것이 바르게 사는 것인가를 우리에게 가르쳐주시는 시집이라 해도 좋겠다. 귀한 시집을 출판할 기회를 주신 김가용 시인께 축하와 아울러 감사드린다.

이 도서의 국립중앙도서관 출판예정도서목록(CIP)은 서지정보유통지원시스템 홈페이지(http://seoji.nl.go.kr)와 국가자료종합목록시스템(http://www.nl.go.kr/kolisnet)에서 이용하실 수 있습니다. (CIP제어번호 : CIP2019009038)

김가용 시집

아름다운 양보

초판인쇄일 2019년 3월 29일
초판발행일 2019년 4월 05일

지은이 : 김가용
발행인 : 김순진
편집장 : 전하라
디자인 : 김초롱
펴낸곳 : 문학공원
등 록 : 2004년 3월 9일 제6-706호
주 소 : 우편번호 03382 서울 은평구 통일로 633
녹번오피스텔 501호 스토리문학사
전 화 : 02-2234-1666
팩 스 : 02-2236-1666
홈페이지 : http://cafe.daum.net/yob51
이메일 : 4615562@hanmail.net